12ᵉ CORPS D'ARMÉE

CATALOGUE

DE LA

BIBLIOTHÈQUE

Réunion des Officiers de la garnison

LIMOGES — AVRIL 1892

| PARIS | LIMOGES |
| 11, place Saint-André-des-Arts. | Nouvelle route d'Aixe, 46. |

IMPRIMERIE ET LIBRAIRIE MILITAIRES

Henri CHARLES-LAVAUZELLE

Éditeur.

1892

CATALOGUE

DE LA

BIBLIOTHÈQUE DES OFFICIERS

12ᵉ CORPS D'ARMÉE

CATALOGUE

DE LA

BIBLIOTHÈQUE

—•—¦—✻—¦—•—

Réunion des Officiers de la garnison

—✻—

LIMOGES — AVRIL 1892

PARIS	LIMOGES
11, place Saint-André-des-Arts.	Nouvelle route d'Aixe, 46.

IMPRIMERIE ET LIBRAIRIE MILITAIRES

Henri CHARLES-LAVAUZELLE
Editeur.

—

1892

BIBLIOTHÈQUE

DU

CERCLE DES OFFICIERS

A

ADLERFELD. Histoire militaire de Charles XII. 3 vol.
A. G. La perte des états et les camps retranchés. 1 vol.
— Le blocus de Paris. 1 vol.
— Les réformes dans l'armée française. 1 vol.
A. de C. (comte). Quelques notes sur l'entretien du cheval. 1 vol.
ALBERT. La poésie. 1 vol.
ALIX. L'esprit de nos bêtes. 1 vol.
— Le cheval. 2 vol.
ALTMAYER. Cours de l'Ecole de guerre sur le service d'état-major en campagne et en temps de paix. 9 vol.
AMBERT. Histoire de la guerre de 1870-1871. 1 vol.
ANDRÉ (de Saint-). Le Mexique aujourd'hui. 1 vol.
ANDRIEUX. OEuvres choisies. 1 vol.
ARAGO. Astronomie populaire. 4 vol.
ARDANT du PICQ. Etudes sur le combat. 1 vol.
ARMELIN. La terre des aïeux (poésie). 1 br.
ARNAUD. Lettres du maréchal de Saint-Arnaud (1832-1854). 2 vol.
AUBIER. Un régiment de cavalerie légère de 1793 à 1815. 1 vol.
AUCILLE. Cours d'histoire militaire, guerre de 1870-1871. 4 vol.
AUMALE (duc d'). Le prince de Condé. 6 vol. et un atlas.

AURELLE DE PALADINES (D'). La première armée de la Loire. — Campagne de 1870-1871. 1 vol.
AURIOL. Défense de Dantzig en 1813. 1 vol.
— La défense du Var et le passage des Alpes. 1 vol.
AUTRUCHE (CH. D'). Principes de la grande guerre. 1 vol.
AVENEL (D'). Richelieu et la monarchie absolue. 4 vol.
AYMONINO. Considérations militaires sur les chemins de fer italiens. 1 vol.
AZIBERT. Sièges célèbres (étude historique sur la défense des places). 1 vol.

B

BABEAU. La vie militaire sous l'ancien régime (Les officiers). 1 vol.
— La vie militaire sous l'ancien régime (Les soldats). 1 vol.
— Paris en 1789. 1 vol.
— Les voyages en France depuis la Renaissance jusqu'à la Révolution. 1 vol.

BABIN. Trilogie spirite. 1 vol.

BACHARACH. Considérations sur la défense de la France en cas d'invasion allemande. 1 vol.

BACHELET. Dictionnaire de Littré. 4 vol.

BAGEAUD. Maximes, conseils, instructions sur l'art de la guerre. 1 vol.

BAILLE. L'électricité. 1 vol.

BALTAZAR. Histoire de la guerre de Guyenne. 1 vol.

BAKER. L'Angleterre et la Russie dans l'Asie centrale. 1 vol.

BARATIER. Création de manutentions roulantes. 1 vol.
— L'administration militaire au Tonkin. 1 vol.
— Principes rationnels de la marche. Impédimenta dans les grandes armées. 1 vol.

BARDIN. Dictionnaire de l'armée de terre. 8 vol.

BARRAL. Ecole d'agriculture de Grignon. 1 vol.
— L'agriculture dans le Nord de la France. 1 vol.

BARRE DU PARCQ. Histoire de l'art de la guerre. 2 vol.

BARTHÉLÉMY. Les armées allemandes. 1 vol.
— Les filles du régent. 2 vol.

BASSOT. Cours de géodosie (Ecole de guerre). 1 vol.

BAUCHER. Dressage méthodique du cheval de selle. 1 vol.

BAUDIN. Etudes de gîtes minéraux. 1 vol.

BAUDRILLAT. Philippe V et la Cour de France.
— Philippe V et Louis XIV. 2 vol.

BAUNARD. Le général de Sonis. 1 vol.

BAZAINE. L'armée du Rhin depuis le 12 août jusqu'au 29 octobre 1870. 1 vol.

BEAUGÉ. Manuel de législation, d'administration et de comptabilité militaires à l'usage des officiers, sous-officiers de toutes armes. 3 vol.

BEAUJOT. Relation de la captivité. 1 vol.
BEAUMARCHAIS. OEuvres complètes. 1 vol.
BEAUMONT (DE). Exploration de la carte géologique de France. ? vol.
BEAURAIN. Histoire des quatre dernières campagne de Turenne. 1 vol.
BECHET. Cinq ans de séjour. 1 vol.
BECKER-BEY. Réflexions sur la cavalerie et l'infanterie montée. 1 br.
BÉDARRIDES. L'avenir des armées permanentes et l'art de la guerre. 1 vol.
— Réorganisation de l'armée française ou morale de l'invasion prussienne. 1 vol.
— Papoue en Crimée. 1 vol.
BEHAGHEL. L'Algérie, conquête et colonisation, religion et mœurs. 1 vol.
BELLOC. Les postes françaises, recherches historiques. 1 vol.
BELEZE. Dictionnaire universel de la vie politique, à la ville et à campagne. 1 vol.
BENEDETTI. Ma mission en Prusse. 1 vol.
BENION. Traité complet de l'élevage et de la maladie de la chèvre. 1 vol.
BÉRANGER. Chansons, anciennes et posthumes. 1 vol.
BERGE. Mémoires sur la permanence de l'armement de défense et sur l'emploi des cuirasses métalliques dans les fortifications d'Anvers. 1 vol.
BERNARD. Traité de tactique expérimentale. 2 vol.
— Art de la guerre, déduit de l'étude technique des campagnes de 1805. 1 vol.
— Chefs-d'œuvre de peinture au Musée du Louvre. 1 vol.
BERTHAUT. Des marches et des combats sur le service des armées en campagne. 3 vol.
— Principes de stratégie. 1 vol.
— Principes de stratégie, Atlas. 1 vol.
BERTHIER. Relation de la bataille de Marengo, gagnée le 25 prairial an V par Napoléon.
BERTRAND. Code-Manuel des pensions de l'armée de terre. 1 vol.
— Campagnes d'Egypte, de Syrie (1798-1799). 2 vol.
— Traité d'algèbre. 2. vol.

BERTRAND. Traité de topographie des connaissances militaires. 1 vol.
— Traité d'arithmétique. 1 vol.
— Lettres inédites de Talleyrand à Napoléon (1800-1809). 1 vol.
— Atlas des campagnes d'Egypte et de Syrie. 1 vol.
BERWICK. Mémoires du maréchal de Berwick. 1 vol.
BESCHERELLE. Dictionnaire national de la langue française. 2 vol.
BENDANT. Cours élémentaire d'histoire naturelle (minéralogie, géologie). 1 vol.
BEUVE (SAINTE-). Les nouveaux lundis. 13 vol.
— Premiers lundis. 3 vol.
BIANCONI. Cartes commerciales de Macédoine, Albanie, Thrace et royaume de Serbie. 4 vol.
— Cartes commerciales du Tonkin. 1 vol.
— Cartes commerciales, Cochinchine et Cambodge, 1 vol.
— Cartes commerciales de Bolivie. 1 vol.
— Cartes commerciales du Brésil. 1 vol.
— Cartes commerciales de l'Uruguay. 1 vol.
BIBESCO. Combats et retraite des Six Mille. 1 vol.
BIENSAN. Conduite d'un escadron, de contact avec trois grandes cartes. 1 vol.
BIUGER (Capitaine). Du Niger au golfe de Guinée. 2 vol.
BITTARD-DESPORTES. Etude sur le serment. 1 vol.
BLANC (Louis). Histoire de dix ans. 5 vol.
— Vingt conférences sur la tactique. 1 vol.
BLOCK. Dictionnaire de l'administration française. 1 vol.
— Le socialisme moderne. 1 vol.
BLOSSEVILLE (DE). Histoire de la colonisation. 1 vol.
BLUME. Campagne de 1870-1871, opérations des armées allemandes. 1 vol.
BOBIERRE. Simples notions sur l'achat et l'emploi des engrais commerciaux. 1 vol.
BOCHER. Lettres de Crimée (Souvenirs de guerre). 1 vol.
BOELL. Histoire de la Corse. 1 vol.
BOILEAU. Œuvres poétiques de Boileau-Despréaux. 1 vol.
BOISSIÈRE. L'Algérie romaine. 2 vol.

BOIS-MAURICE. Sur la Loire. Batailles et combats, avec cinq cartes. 1 vol.
BONAPARTE. Etude sur le passé et l'avenir de l'artillerie. 1 vol.
BONIE (DE). Etude sur le combat à pied de la cavalerie. 2 vol.
— Tactique. Cavalerie au combat. 1 vol.
— Cavalerie en campagne. 1 vol.
BONNAFOND. Pérégrinations en Algérie. 1 vol.
BONNAL. Capitulations militaires de la Prusse, étude sur les désastres des armées de Frédéric II, d'Iéna et Tilsitt, d'après les archives du dépôt de la guerre. 1 vol.
— Equitation. 1 vol.
— La diplomatie prussienne. 1 vol.
— Capitulations militaires de la Prusse. 1 vol.
BONNAN. Nouvel abrégé d'équitation. 1 vol.
BONNAUD. Cours d'histoire militaire, 1886-1887 (Etude de guerre). 1 vol.
BONNECHISE. Montcalm et le Canada français. 1 vol.
BONNET. Guerre franco-allemande. 3 vol.
BOUET-VILLAUMEZ. Batailles de terre et de mer. 1 vol.
BORBSTOEDT. Campagne de 1870. Opérations des armées allemandes. 1 vol.
— Campagnes de 1870. Opérations des armées allemandes. 1 vol. et un atlas.
— Campagne de la Prusse contre l'Autriche et ses alliés en 1866. 1 vol.
BORIE. L'agriculture et la liberté. 1 vol.
BORNECQUE. Rôle de la fortification dans la dernière guerre d'Orient. 1 vol.
BOUCHARD. Rapports à M. le Ministre de la guerre sur l'administration de l'armée. 4 vol.
BOUCHER. Cours du service de santé. 1 vol.
BOUFFEMON. Instruction élémentaire concernant les armées en campagne. 1 vol.
BOUILLET. Dictionnaire des lettres, sciences et arts. 1 vol.
— Dictionnaire universel d'histoire et géographie. 1 vol.
BOINNAIS. Le protectorat du Tonkin. 1 vol.
BONJEAN. Du cadastre dans ses rapports avec la propriété foncière. 1 vol.
BOULANGER. Description du bassin houiller de Decize. 1 vol.

BOURBOULON. De l'enseignement de la géographie. 1 vol.
BOURBOULON. Géographie physique et politique de la France. 1 vol.
BOURCET. Principes de la guerre de montagne. 2 vol.
— Mémoires historiques sur la guerre. 3 vol.
BOURDALOUE. OEuvres. 3 vol.
BOURDE. Le patriote. 1 vol.
BOURELY. Le maréchal Fabert. 2 vol.
BOUGAINVILLE. Journal de la navigation autour du globe de la frégate la *Thétis*. 2 vol.
BOURGET DE HOUSSEL. Géométrie analytique à trois dimensions. 1 vol.
BOU-SAID. Le marabout de Sidi-Fatallah. 1 vol.
BRACK (DE). Avant-postes de cavalerie légère. 4 vol.
BRACHET. Dictionnaire étymologique de la langue française. 1 vol.
BREUILLARD. Lettres à un jeune engagé. 1 vol.
BREUIL. Manuel d'arboriculture des ingénieurs. 1 vol.
BRIALLENONT. Manuel de fortification de campagne. 1 vol.
BRIALMONT. La fortification du champ de bataille. 2 vol.
— Traité de fortification polygonale. 3 vol.
— Les régions fortifiées (atlas). 1 vol.
— La défense des Etats et les camps retranchés. 1 vol.
BRIEL. Episodes de la guerre de 1870-71. 1 vol.
— Le pillage et l'incendie de Fontenay. 1 vol.
BROGLIE (DE). Mémoires du prince de Talleyrand. 2 vol.
— Le secret du roi. 2 vol.
BROSSELARD. Les deux missions Flatters. 1 vol.
BROUSSIER. Cours de géologie. Ecole de guerre. 1 vol.
— Cours d'histoire militaire. 4 vol.
BRUNNER. Guide pour la fortification de campagne. 1 vol.
— Guide pour l'enseignement de la fortification permanente. 1 vol.
— Guide pour l'enseignement de la fortification de campagne. 1 vol.
BRUNFANT. La défense de la France au moyen du réseau militaire des chemins de fer. 1 vol.
BRUNNOW. Traité d'astronomie sphérique. 2 vol.
BRUYÈRE. Chansons de guerre. 1 vol.

BUFFON. OEuvres complètes. 6 vol.
BUGEAUD. OEuvres militaires. 1 vol.
— Aperçus sur quelques détails de la guerre avec planches explicatives. 1 vol.
BURDIN d'ENTREMONT. L'armée Danoise et la défense du Sundwit en 1864. 1 vol.
BUREAU. Atlas de géographie militaire de Saint-Cyr. 1 vol.
BURGAND. OEuvres de Rabelais. 2 vol.
BURTON. Voyage aux grands lacs de l'Afrique orientale. 1 vol.
BUSSIÈRE et LEGONIS. Le général Michel Beaupuy. 1 vol.
BYRON. OEuvres complètes. 4 vol.

C

CABANIS. Le mûrier, ses avantages et son utilité dans l'industrie. 1 vol.
CAMERON. Notre future route de l'Inde. 1 vol.
CAMP (Maxime du). Les convulsions de Paris. 4 vol.
CANITZ (de). Histoire des exploits et vicissitudes de la cavalerie prussienne.
Cardinal de WIDDERN. Le combat de nuit dans la guerre de campagne et de siège. 1 vol.
CARAN d'ACHE. Nos soldats du siècle. 1 vol.
CARLO CORSI. De l'éducation morale du soldat. 1 vol.
CARNOT. Mémoires (1753-1823). 4 vol.
CARRION RISAS. Campagne des Français en Allemagne en 1800. 1 vol.
CARRIÈRE. Traité général des conifères. 2 vol.
CARTAILHAC. La France préhistorique. 1 vol.
CASSE (du). Questions d'armement et d'organisation militaire. 1 br.
— Le panthéon fléchois. 1 vol.
— Le général Vandamme et sa correspondance. 2 vol.
— Les volontaires de 1793. 1 vol.
CASTEL. Les tapisseries. 1 vol.
CAUSTIER. Les pigeons voyeurs et leur emploi à la guerre. 1 vol.
CAVAIGNAC (Godefroy). La formation de la Prusse contemporaine. 1 vol.
CERFBERR. Répertoire de la comédie humaine de Balzac. 1 vol.
CÈRE. Les petits patriotes. 1 vol.
CÉSAR (Jules). Commentaires suivis du précis des guerres de Jules César. 2 vol.
CHABERT. Règlement d'exercices de la cavalerie autrichienne. 1 vol.
— Manuel d'équitation de la cavalerie allemande. 1 vol.
CHABOT. Etude historique et tactique de la cavalerie allemande (1870-1871). 1 vol.
CHALENDAR. Manuel du volontaire d'un an dans la cavalerie. 1 vol.

CHAMBRAY (de). Histoire de l'expédition de Russie. 3 vol.
CHAMPION. La dynamite et la nitroglycérine. 1 vol.
CHAMPOUDRY. Manuel de l'officier de police judiciaire et militaire.
1 vol.
CHANOINE (Barbe). Histoire générale de l'Allemagne. 11 vol.
CHARLES. Atlas des principes de stratégie. 1 vol.
— La méthode. 1 vol.
— Principes de la stratégie développée. 1 br. atlas.
CHARRAS. Histoire de la guerre de 1813 en Allemagne. 1 vol.
— Campagnes de Waterloo, 1815. 2 vol.
CHARTIER (le). La Nouvelle-Calédonie et les Nouvelles-Hébrides.
1 vol.
CHARTON. *Le tour du monde,* journal des voyages. 56 vol.
CHASSERIAN. Vie de l'amiral Duperré, ancien Ministre de la guerre
et des colonies. 1 vol.
CHATEAUBRIANT. Atala. 1 vol.
— Le génie du christianisme. Le paradis perdu. 3 vol.
— Mélanges historiques. 1 vol.
— Itinéraire de Paris à Jérusalem. 1 vol.
— Les martyrs. 1 vol.
— Voyage en Italie. 1 vol.
— Histoire de France. 1 vol.
— Etude historique. 1 vol.
CHERBONNEAU. Dictionnaire français arabe. 1 vol.
CHERFILS (Max). Trois journées d'exploration par une division de
cavalerie. 1 vol.
— Trois journées d'exploration par une division de cava-
lerie en avant d'une armée, sur la ligne d'opérations
de Châlons à Metz. 1 vol.
CHÉRUEL. Dictionnaire historique des institutions. 2 vol.
CHEVALIER. Voies de communication aux Etats-Unis. 1 vol.
CHEVASSU. Cours du service de santé. 1 vol.
CHEVREY-RAMEAU. Obligations militaires des Français résidant
à l'étranger. 1 vol.
CHEZELLES (Henri de). L'homme de cheval. 1 vol.
CHOPPIN. Histoire générale des dragons. 1 vol.
— L'éloquence militaire chez les Romains. 1 vol.
CHUQUET. Jemmapes et la conquête de la Belgique (1792-1793).
1 vol.

CHUQUET. L'Expédition de Custine. 1 vol.
— La première invasion prussienne. 1 vol.
— La retraite de Brunswick. 1 vol.
— La trahison de Dumouriez. 1 vol.
CICÉRON. Œuvres philosophiques. 8 vol.
CLARETTE. Qui vive? France. 1 vol.
CLAUZEWITZ. La guerre. 6 vol.
CLÈRE (LE). Etude et analyse du règlement du 3 août 1870 sur les exercices de l'infanterie prussienne. 1 vol.
COHUN. Les mercenaires. 1 vol.
COLARD. Les armes portatives en Autriche-Hongrie. 1 vol.
COLLIGNON. Les machines. 1 vol.
COMTE DE PARIS. Histoire de la guerre civile en Amérique. 4 vol.
— Atlas sur l'histoire des guerres civiles en Amérique. 2 vol.
— Le feu à Paris et en Amérique. 1 vol.
— Récits de campagne (1833-1841). 1 vol.
CORDIER. Conférence sur les moyens de lutte des principales puissances. 1 vol.
COSNAC. Souvenirs du règne de Louis XIV. 8 vol.
COUSIN. Madame de Longueville.
— Madame de Sablé.
— De Montfort.
— Jacqueline Pascal. } 8 vol.
— La société française au XVIIe siècle.
— La jeunesse de Longueville.
— Madame de Chevreuse.
— Premier essai de philosophie.
COUTENSON. Chine et Extrême-Orient. 1 vol.
CRÉTIN. Conférence sur l'administration militaire. 1 vol.
CROIX (DE). Remonte de l'armée française. 1 br.
— La vérité sur les étalons de l'Etat et sur ceux de l'industrie privée. 1 br.
— Des moyens d'augmenter la production et de prolonger la conservation du cheval de guerre. 1 br.
CYON (DE). La France et la Russie. 1 br.

D

DALLY. — Répartition de l'armée active. 1 br.
— Les armées étrangères en campagne. 1 vol.
— Cours d'administration militaire. 1 vol.
DARESTE. Histoire de la France depuis les origines jusqu'à nos jours. 8 vol.
DANGEAU (DE). Journal du marquis de Dangeau. 19 vol.
DAUDET, Histoire de la Restauration (1814-1830). 1 vol.
— Histoire de l'émigration. 1 vol.
— Histoire de l'émigration. Les Bourbons et la Russsie pendant la Révolution française. 1 vol.
DAUMAS. Les chevaux du Sahara et les mœurs du désert. 1 vol.
— Mœurs et coutumes de l'Algérie, de la Kabylie. 1 vol.
DAUNOU. Mémoires de Dumouriez. 2 vol.
DAUSSY. La ligue de la Somme pendant la campagne 1870-1871. 1 vol.
DAVOUT. Mémoires. 1 vol.
DEFLORENNE. Etat présent de la noblesse française. 1 vol.
DEGONY. Etude sur les opérations combinées des armées de terre et de mer. 1 vol.
DEHERAIN, Cours de chimie agricole. 1 vol.
DELABORDE. Expédition de Charles VIII en Italie. 1 vol.
DELMAS. Journaux des sièges faits et soutenus par les Français dans la Péninsule de 1807 à 1814. 4 vol.
— Atlas-journaux des sièges faits dans la Péninsule. 1 vol.
DELAMBRE. Cours de fortification. 8 vol.
DELAPERRIÈRE. Cours de législation et d'administration militaires. 6 vol.
DELAPÉRIÈRE. Cours d'administration et de législation militaires. 2 vol.
DELAUNAY. Cours élémentaire d'astronomie. 1 vol.
DELAVIGNE. Œuvres complètes. 4 vol.
DELORME. Journal d'un sous-officier. 1 vol.
DEMOGEOT. Histoire de la littérature française depuis ses origines jusqu'à nos jours. 1 vol.
— Littérature française (1re période). 1 vol.

DEMOGET. Etude sur la construction des ambulances temporaires. 1 vol.
DENFERT-ROCHEREAU. La défense de Belfort, avec cartes et plans. 1 vol.
DEPIERRIS. Le tabac. 1 vol.
DEPORTER. La question du Touat, Sahara algérien. 1 vol.
DERRIEU et WEIL. La section militaire à l'exposition de Vienne (1873). 1 vol.
DERUÉ. Nouvelle méthode d'escrime à cheval. 1 vol.
— L'escrime dans l'armée. 1 vol.
DESCARS. L'élagage des arbres. 1 vol.
DERRÉCAGAIX. Exploration du Sahara. 1 vol.
— Des cartes topographiques européennes. 1 vol.
— Du service de l'état-major. 1 br.
— Cours d'histoire militaire. 6 vol.
DESCHANEL. La question du Tonkin. 1 vol.
DESCHAUMES. La retraite infernale. Armée de la Loire (1870-1871). 1 vol.
DESPRECH. Les leçons de la guerre. 1 vol.
DESPREZ. Desaix. 1 vol.
— Lazare Hoche. 1 vol.
DESSALLES. Quelques réflexions sur la détention préventive, la mise au secret et la réparation des erreurs judiciaires. 1 vol.
DEVAUREIX. De la guerre des partisans, son passé et son avenir. 1 vol.
DIDION. Calcul des probabilités appliqué autir des projectiles. 1 br.
— Cours élémentaire de balistique. 1 vol.
— Lois de la résistance de l'air sur les projectiles. 1 br.
— Les Allemands. 1 vol.
DIEULAFAIT. Diamants et pierres précieuses. 1 vol.
DILKE (Sir CHARLES). Les armées françaises jugées par un Anglais. 1 vol.
DRAGOMIROFF. Principes essentiels pour la conduite de la guerre. 1 vol.
— Manuel pour la préparation des troupes au combat (bataillon). 1 vol.
— Manuel pour la préparation des troupes au combat (compagnie). 1 vol.

DRAPER. Les conflits de la science et de la religion. 1 vol.
DRUMONT. Le testament d'un antisémite. 1 vol.
— Le secret de Fourmies. 1 vol.
DUBAIL. Précis d'histoire militaire. 2 vol.
DUC D'ORLÉANS. Campagne de l'armée d'Afrique (1835-39). 1 vol.
DUCAMP. Paris, ses organes, ses fonctions et sa vie. 6 vol.
DUCROT. La défense de Paris (1870-71). 4 vol.
DUFOUR. Cours de tactique. 1 vol.
DUHOUSSET. Application de la géométrie à la topographie. 1 vol.
DUMAS et FOUREAUD. Revue de l'Exposition universelle de 1889. 2 vol.
DUMAS. Le commandant Guzmann. 1 vol.
— De la photographie et de ses applications aux besoins de l'armée. 1 vol.
— Considérations générales sur l'électricité. 1 vol.
DUNKELBERG. De la création des prairies irriguées. 1 vol.
DUPLESSIS. La gravure. 1 vol.
DUQUET. Paris, Chevilly et Bagneux. 1 vol.
— Les grandes batailles de Metz (1870-1871). 1 vol.
— Paris le 4 septembre et Châtillon les 2 et 19 septembre. 1 vol.
— Les derniers jours de l'armée du Rhin, avec 2 cartes des opérations. 1 vol.
DURAND. Une synthèse physique. 1 vol.
DURUY. Histoire des temps modernes (1453 à 1789). 1 vol.
DUMONT. Annuaire de la Haute-Vienne 1883. 1 vol.
DUTEMPLE. Vie du général Hoche. 1 br.
DUVAL-LAGUIERCE. Etude sur les troupes du génie. 1 vol.

E

ESCHAVANNES (d'). Traité complet de la science du blason. 1 vol.
ELWALL. Nouveau dictionnaire anglais-français. 1 vol.
ESPITALLIER. Les ballons et leur emploi à la guerre. 1 vol.
ESQUIROS. Itinéraire de la Grande-Bretagne. 1 vol.
EUGÈNE (Prince). Mémoires. .

F

FAIDHERBE. Campagne de l'armée du Nord en 1870. 1 vol.
FAILLY (DE). Campagnes de 1870, opérations du Ve corps. 1 vol.
FARRÉ. Lettres d'un jeune officier à sa mère. 1 vol.
FAURE. Les lois militaires de la France. 2 vol.
FAURE (LE). Les capitaines montés. 1 vol.
FAUVART-BASTOUL. Des marches de la cavalerie. 1 vol.
— De la poursuite. 1 vol.
FAVÉ. L'ancienne Rome, sa grandeur et sa décadence. 1 vol.
FAY. Souvenirs de la guerre de Crimée (1854-1856). 1 vol.
— Journal d'un officier de l'armée du Rhin. 2 vol.
FAYE (DE LA). Histoire du général de Sonis. 1 vol.
FÉNELON. OEuvres complètes. 3 vol.
FERRIÈRE (DE LA). Henri IV, le roi, l'amoureux. 1 vol.
FERRON. Considérations sur le système défensif de la France. 1 vol.
— Quelques indications pour le combat. 1 vol.
FERVEL. Campagne de la Révolution française dans les Pyrénées. 1 vol.
— Campagne de la Révolution française dans les Pyrénées-Orientales. 2 vol. et 1 atlas.
— Etudes stratégiques sur le théâtre de la guerre. 1 vol.
— Etudes stratégiques sur le théâtre de la guerre entre Paris et Berlin ou revue à l'étranger. 1 vol.
FEUVRIER. Deux cas de morsure de serpent venimeux. 1 vol.
— Stomatite ulcéreuse des soldats (relation d'une épidémie). 1 vol.
FEZENSAC. Souvenirs militaires (1804 à 1814). 1 vol.
— La vie et les mœurs des animaux. 1 vol.
— Les races humaines. 1 vol.
FIGUIER. Histoire du merveilleux. 4 vol.
— La vie des savants illustres. 4 vol.
— L'alchimie, essai sur la philosophie hermétique. 1 vol.
— La terre et les mers. 1 vol.
— Vie des savants illustres. 2 vol.
— L'année scientifique. 18 vol.

FIGUIER. La terre avant le déluge. 1 vol.
— Histoire des plantes. 1 vol.
— Les oiseaux. 1 vol.
— Les mammifères. 1 vol.
— L'homme primitif. 1 vol.

FISCHBAC. Le siège et le bombardement de Strasbourg. 1 vol.

FIX. Guide de l'officier et du sous-officier aux avant-postes d'après les meilleurs auteurs. 1 vol.
— Le service dans les états-majors. 1 vol.
— Dictionnaire allemand-français et français-allemand. 1 vol.

FLAMM. Note sur l'organisation de l'armée prussienne. 1 vol.

FLAMMARION. Merveilles célestes. 1 vol.
— La terre du ciel, astronomie populaire. 2 vol.
— Atlas céleste. 1 vol.

FLAVIUS. Siège de Jérusalem.

FLEURY. Histoire d'Angleterre, comprenant celle de l'Ecosse, de l'Irlande et des possessions anglaises, depuis les premiers temps jusqu'en 1863. 2 vol.

FOLLIET. Les volontaires de la Savoie (1792-1799). 1 vol.

FONSART. Recherches nouvelles sur la fièvre scarlatine. 1 vol.

FONTENAY. Voyage agricole en Russie. 1 vol.

FONVIELLE. Eclair et tonnerre. 1 vol.

FOUCART. La cavalerie pendant la campagne de Prusse. 1 vol.
— Campagnes de Pologne (1806-1807). 2 vol.
— Campagne de Prusse (1806). 1 vol.
— Une division de cavalerie légère en 1813. 1 vol.
— Campagne de Prusse (1806), d'après les archives de la guerre. 1 vol.

FOURNEL. Etude des gîtes houillers du Bocage vendéen, 1835. 1 vol.

FRÉDÉRIC II. Frédéric II. 1 vol.
— Mémoires de Frédéric II, roi de Prusse. 1 vol.

FREY. Campagnes dans le Haut-Sénégal et le Haut-Niger. 1 vol.
— Pirates et rebelles au Tonkin.

FROSSART. Rapport sur les opérations du 2º corps de l'armée du Rhin dans la campagne de 1870. 1 vol.

FURNE et JOUVET. Atlas de géographie militaire. 1 vol.

G

GAFFAREL. L'Algérie : histoire, conquête et colonisation. 1 vol.
GAUCHER. De l'assurance sur la vie dans l'armée. 1 vol.
GARDE DES SCEAUX. Compte général de l'administration de la justice criminelle en France, de 1871-73, 1872-75, 1873-75. 7 vol.
— Compte général de l'administration de la justice criminelle en France, de 1876 à 1881. 6 vol.
— Compte général de l'administration de la justice criminelle et commerciale en France. 2 vol.
GARNIER. Mémoire local et militaire sur le département des Alpes-Maritimes. 1 vol.
GARNIER-PAGÈS. La révolution de 1848. 8 vol.
GARREL. Ordonnance du 10 mai 1844. 1 vol.
GASSELIN. Dictionnaire français-arabe. 3 vol.
GAULDRIC BOILEAU. L'administration militaire dans l'antiquité. 1 vol.
GAULOT. La vérité sur l'expédition du Mexique. 3 vol.
GAVARD. Galeries historiques de Versailles. 16 vol.
GAVOY. Transports des blessés en campagne. 1 br.
GELDERN. Le siège de Paris et de Belfort en 1870-1871. 1 vol.
GELIMET. Le grand-duché de Luxembourg. 1 vol.
GÉRAULT DE LANGALERIE (DE). Exercices et manœuvres de nuit. 1 vol.
GERHARDT. Traité des résistances du cheval. 1 vol.
GERUZEZ. Histoire de la littérature française depuis les origines jusqu'à la Révolution. 2 vol.
— Histoire de la littérature française pendant la Révolution, 1789-1800. 1 vol.
GERVINUS. Histoire du xixe siècle. 23 vol.
GIGUET. OEuvres complètes d'Homère. 1 vol.
— Histoire militaire de la France. 2 vol.
GILDER. Expédition de *Rovger* à la recherche de la *Jeannette*. 1 vol.
GILLES. Campagne de Marius dans la Gaule. 1 vol.
GILLE. Recueils de faits militaires instructifs. 1 vol.

GINDRE DE MANCY. Dictionnaire des communes. 1 vol.
GIRARD. Les métamorphoses des insectes. 1 vol.
— Fortification passagère. Traité des applications. Tactique de la fortification. 2 vol.
GLAISHER. Voyages aériens. 1 vol.
GONCOURT. Cavarni. L'homme et l'œuvre.
GORDON. Journal du général Gordon. Siège de Khartoum. 1 vol.
GORSOT. Marivaux moraliste. Etudes critiques. 1 vol.
GOSSIN. Résumé des conférences agricoles du département de l'Oise, 1872. 1 vol.
GOUGEARD. La marine de guerre. 1 vol.
GOURCY. Excursion agricole faite en France en 1867. 1 vol.
GOUVION SAINT-CYR. Maximes de guerre. 2 vol.
— Mémoires sur les campagnes des armées de Rhin et Moselle. 4 vol.
— Journal des opérations de l'armée en Catalogne de 1808-1809. 1 vol.
— Atlas du journal des opérations de l'armée en Catalogne. 1 vol.
GRANDRY. Du matériel et tactique de l'artillerie en campagne. 1 br.
GRASSET. La guerre de Sécession (1861-1865). 1 vol.
GRILLON. La défense des lignes fluviales. 1 vol.
— Etude stratégique sur la défense des lignes fluviales. 1 vol.
GROSS. Manuel du brancardier. 1 vol.
GRUNER. Etude du bassin houiller de la Creuse. 1 vol.
— Description géologique et minérale du département de la Loire. 1 vol.
GUELLE. La guerre continentale et le droit international. 1 vol.
GUÉRIN. Histoire maritime de la France. 6 vol.
GUERS. Les soldats français dans les prisons d'Allemagne. 1 vol.
GUET. Les origines de l'île Bourbon et colonisation française à Madagascar. 1 vol.
GUICHARD. Cours d'artillerie militaire. Tactique. 1 vol.
— Cours d'artillerie militaire et application de la fortification au terrain. 3 vol.
GUILLARD. L'armée de la milice. 1 br.
GUILLEMIN. Les applications de la physique. 1 vol.

GUILLEMIN. Les phénomènes de la physique. 1 vol.
— Le télégraphe et le téléphone. 1 vol.
— La lune. 1 vol.
— Les étoiles. 1 vol.
— Les comètes. 1 vol.

GUILIN (Max). Souvenirs de la dernière invasion. 1 vol.
— Par qui, pourquoi, comment. 1 vol.

GUILLON. Les généraux de la République. 1 vol.

GUIRAL. Le Congo français, du Gabon à Brazzaville. 1 vol.

GUIZOT. Histoire de la civilisation en France depuis la chute de l'empire romain. 4 vol.
— Essais sur l'histoire de France. 1 vol.
— Histoire de France jusqu'en 1789. 1 vol.
— Histoire de l'Angleterre racontée à mes petits enfants. 2 vol.

GUNSETT. Exemples de formation. Tactique de l'armée allemande. 1 vol.

GUY DE CHARNACÉ. Les races bovines en France. 1 vol.

GUYOT. Sur la viticulture du centre-sud de la France. 1 vol.
— Sur la viticulture du nord-ouest de la France. 1 vol.
— Sur la viticulture du centre-nord de la France. 1 vol.
— Rapport à M. Forcade de la Roquette sur la viticulture. 1 vol.
— Etude des vignobles de France pour servir à l'enseignement mutuel de la viticulture. 3 vol.

G. G. Essais de critique militaire. 1 vol.

H

HOSFORD. De la ration de l'armée. 1 br.
HOUEL. Le cheval de France. 1 vol.
HOUZEAU. Guide pratique pour l'emploi de l'appareil Morse. 1 vol.
HUE. Atlas de géographie militaire. 1 vol.
HAEFFELÉ. Guide des sociétés de tir. 1 vol.
HALLAM. Histoire de la littérature de l'Europe pendant les XVe et XVIe siècle. 4 vol.
HAMILTON. Mémoires du comte de Grammont. 7 vol.
HARDY. Origine de la tactique française, 1re et 2e partie. 2 vol.
— Les Français en Italie, de 1494 à 1559. 1 vol.
— Mémoires militaires, 1792-1802. 2 vol.
HARINCOURT (D'). Notice sur le domaine d'Harincourt. 1 vol.
HAUSSMANN (Baron). Mémoires. 2 vol.
HAUSSONVILLE. Histoire de la réunion de la Lorraine à la France. 4 vol.
HAYMERLI, Italica rès. 1 vol.
HEINRICH, Histoire de la littérature allemande. 3 vol.
HELVIQ. Exemples tactiques (traduction du général Leclère). 2 vol.
HEMENT. De l'instinct et de l'intelligence. 1 vol.
HENNEBERT. Histoire d'amiral. 1 vol.
— Les torpilles. 1 vol.
HENRARD. Annuaire d'art, de sciences et technologie militaires. 1 vol.
HERBINGER. Les tirailleurs. 1 br.
— Des soutiens d'artillerie. 1 br.
HÉRISSON (D'). Journal de la campagne d'Italie (1859). 1 vol.
HERTZ. L'exploration. 6 vol.
HEYLLI. Journal du siège de Paris. 3 vol.
— Atlas du journal du siège de Paris.
HIMLY. Histoire de la formation territoriale. 2 vol.
HIPPEAU. Histoire diplomatique de la 3e république. 1 vol.
HOFFBAUER. Tactique de l'artillerie de campagne. 1 vol.
— L'emploi de l'artillerie dans les grandes combinaisons de troupes.

HOHENLOHE (de). Lettres sur la stratégie. 2 vol.
— Lettres sur l'infanterie. 1 vol.
— Lettres sur la cavalerie. 1 vol.
— Lettres sur l'artillerie. 1 vol.
HOSFORD. De la ration de l'armée. 1 vol.
HOUEL. Le cheval en France. 1 vol.
HOUZEAU. Guide pratique pour l'emploi de l'appareil Morse. 1 vol.
HUE. Atlas de géographie militaire. 1 vol.
HUGO (Victor). Théâtre.
— Cromwel.
— La Esméralda.   } 4 vol.
— Lucrèce Borgia.
— Hernani.
— Les contemplations. Chansons des rues.
— Les orientales. Les feuilles d'automne.
— Les rayons et les ombres. Odes et ballades.   } 10 vol.
— Les chants du crépuscule. Légende des siècles.
— La légende des siècles. 2 vol.
— Les Chatiments.
— Notre-Dame de Paris.   } 3 vol.

J

JABET. Les courses de chevaux en Limousin. 1 vol.
JAEGLÉ. La guerre de 1870, par le maréchal comte de Moltke. 1 vol.
— Lettres du maréchal de Moltke à sa mère et à ses frères Adolfe et Louis. 1 vol.
JOANNE. Itinéraire général de la France (la Loire et le Centre). 1 vol.
— Itinéraire général de la France. 1 vol.
— Le Nord. 1 vol.
— Itinéraire général de la France (Auvergne et Centre). 1 vol.
— Itinéraire général de la France (Vosges et Ardennes). 1 vol.
— Itinéraire général de la France (les Pyrénées). 1 vol.
— Itinéraire général de la France (de Paris à la Méditerranée). 1 vol.
— Itinéraire de l'Italie septentrionale, contenant : la Savoie, le Piémont, la Lombardie. 1 vol.
— Itinéraire descriptif et historique de l'Allemagne du Nord. 1 vol.
— Itinéraire de l'Ecosse. 1 vol.
JABLONSKI. Histoire anecdotique des animaux à la guerre. 1 vol.
JACQUEMART. Merveilles de la céramique. 1 vol.
JACQUEMIN. Les chemins de fer pendant la guerre 1870-1871. 1 vol.
JACQUOT. Etudes géologiques sur le bassin houiller de la Sarre faites en 1850. 1 vol.
JANNET. Les États-Unis contemporains. 2 vol.
JARDOT. Des routes stratégiques de l'Ouest. 1 vol.
JARRY (de). Instructions élémentaires concernant les armées en campagne, avec planches. 1 vol.
JÉROME. Mémoires et correspondances du roi Jérôme et de la reine Catherine. 7 vol.
JOLIVOT. Manuel pratique du recrutement de l'armée. 3 vol.
JOMINI. Atlas des guerres de la Révolution. 1 vol.
— Atlas des grandes opérations militaires.
— Atlas principe de stratégie. 1 vol.

JOMINI. Précis politique et militaire de la campagne de 1815. 1 vol.
— Tableau analytique des principales combinaisons de la guerre et de rapport avec la politique des Etats au traité des grandes opérations militaires. 1 vol.
— Précis de l'art de la guerre. 2 vol.
— Traité des grandes opérations militaires. 3 vol. et 1 atlas.
— Vie politique et militaire de Napoléon, racontée par lui-même. 2 vol.
— Histoire critique et militaire des guerres de la Révolution. 15 vol.

JONES. Journaux des sièges entrepris par les alliés en Espagne en 1181 et 1812. 1 vol.

JUNG. Bonaparte et son temps (1760-1799). 2 vol.
— Voyage autour de ma tente. 1 vol
— Voyage en France pendant les années 1787, 1788, 1789. 1 vol.
— Voyages en Italie et en Espagne (1787-1889). 1 vol.
— La vérité sur l'homme au masque de fer. 1 vol.

JUPONT. Aide-mémoire de l'ingénieur électricien. 1 vol.

JURIEN DE LA GRAVIÈRE. Les Anglais et les Hollandais dans les mers polaires et dans les mers des Indes. 2 vol.
— Annuaire de la marine pour 1878. 1 vol.
— Annuaire de la marine et des colonies. 1 vol.
— La station du Levant. 2 vol.

K

KAEPPELIN. L'Alsace à travers les âges. 1 vol.
KAULBARS. Les escadrons de découverte. 1 vol.
— Rapport sur l'armée allemande. 1 vol.
KEIM. Etat actuel de la tactique de combat et instruction en vue du combat. 1 vol.
KERATRY. Armée de Bretagne (1870-1871). 1 vol.
KIENLIN. Géographie militaire de la confédération du Nord et des Etats secondaires du Sud de l'Allemagne. 1 vol.
KLEIST. La patrouille d'officier et le rôle stratégique de la cavalerie. 1 vol.
KLIPFFEL. Conférences sur les constructions. 1 vol.
KNEIPP. Comment il faut vivre, 1 vol.
KREBS MORIS. Campagne dans les Alpes pendant la Révolution. 1 vol.
KUHU. La guerre de montagnes. 1 vol.
— Traité de l'alimentation des bêtes bovines. 1 vol.

L

LABICHE. Les armes portatives en Russie. 1 vol.
LABBE. Expédition des mers de Chine. 1 vol.
LABAT-LAPEYRIRÈE (de). Conseils sur le dressage. 1 vol.
LACHAUVELAYE. Guerre des Français et des Anglais. 2 vol.
LACROIX. Histoire anecdotique du drapeau français. 1 vol.
— Institutions et usages au xvii° siècle. 1 vol.
— Directoire, Consulat, Empire. 1 vol.
— Vie militaire et religieuse au moyen âge et à la Renaissance. 1 vol.
— Mœurs, usages et costumes au moyen âge et à la Renaissance. 1 vol.
— Institutions, usages et costumes au xviii° siècle. 1 vol.
— Les arts au moyen âge et à la Renaissance. 1 vol.
— Dictionnaire industriel à l'usage de tout le monde. 2 vol.
— Lettres, sciences, arts au xvii° siècle, sciences, lettres au moyen âge et à la Renaissance. 3 vol.
LADINGHAUSEN. Les armées allemandes, leur organisation, leurs différents services. 1 vol.
LAFEUILLADE. Nouveau système de cryptographie. 1 vol.
LAFONTAINE. Œuvres complètes. 1 vol.
LAGRANGE. L'hygiène de l'exercice chez les enfants et les jeunes gens. 1 vol.
— Physiologie des exercices du corps. 1 vol.
LAHAUSSOIS. — L'armée prussienne (premier entretien fait le 6 février 1872 à la réunion des officiers).
LAHAYE (de). Crimée. 1 vol.
LAHURE. Note sur le service des états-majors en temps de paix et en campagne. 2 vol.
LALANDE (de). Tables de logarithmes pour les nombres. 2 vol.
LALANNE. Dictionnaire historique de la France. 1 vol.
LALOBBE. Cours de topographie élémentaire à l'usage des officiers de l'armée. 1 vol.

LA MARMORA (DE). Le secret d'Etat dans le gouvernement constitutionnel. 2 vol.
— Un peu plus de lumière sur les événements politiques et militaires de l'année 1866. 1 vol.

LAMARTINE. La chute d'un ange. 1 vol.
— Le manuscrit de ma mère. 1 vol.
— Nouvelles méditations. 1 vol.
— Premières méditations. 1 vol.
— Les confidences. 1 vol.
— Nouvelles confidences. 1 vol.
— Recueillements poétiques. 1 vol.
— Voyages en Orient. 2 vol.
— Histoire des constituants. 4 vol.
— Histoire des Girondins. 6 vol.

LAMBRE (DE). De l'aérostation militaire (entretien fait à la réunion des officiers, 28 mars 1872). 1 vol.

LAMIRAUX. Etudes pratiques de guerre. 1 vol.

LANGLOIS. Cours d'artillerie (1886-1887). 5 vol.
— Les artilleries de campagne de l'Europe (1874). 1 vol.
— L'artillerie de campagne en liaison avec les autres armes. 2 vol. et 10 atlas.

LANUSSE. L'heure suprême à Sedan. 1 vol.

LARREY. Mémoire de chirurgie militaire et campagnes. 4 vol.

LASSALLE. Manuel d'organisation de l'armée. 1 vol.

LAURENCIN. Nos zouaves. 1 vol.

LAURENT. Histoire de Napoléon Ier. 1 vol.

LAVALLARD. Le cheval dans ses rapports avec l'économie rurale, 1 vol.

LAVALLÉE. — Histoire de la Turquie. 2 vol.
— Histoire des Français depuis les temps des Gaulois jusqu'à nos jours. 6 vol.

LAVIGNE (DE). Itinéraire de l'Espagne et du Portugal. 1 vol.

LEBAS. Cours de littérature allemande. 1 vol.

LEBLANC. De la nécessité d'instituer un service sanitaire vétérinaire pour toute la France avec un tableau analytique des documents. 1 vol.

LEBLOND. Cours d'électricité. 1 vol.

LEBOULENGÉ. Le télémètre du fusil. 1 br.

LECLERCQ. Du Caucase aux monts Alaï. 1 vol.

LECOMTE. Etude d'histoire militaire. 2 vol.
LECOMTE. Guerre de la Prusse et de l'Italie contre l'Autriche et Confédération germanique, 1866. 2 vol.
— Guerre de la Sécession. 3 vol.
— Relations historiques et critiques de la guerre franco-allemande en 1870-1871. 4 vol.
— L'armée française au Tonkin. Guet-apens de Bac-Lé. 1 vol.
— Jomini, sa vie et ses écrits. Esquisse biographique et stratégique. 1 vol.
LEFAURE. Procès du maréchal Bazaine. 2 vol.
LEFÈVRE. Les chemins de fer. 1 vol.
LEGENDRE. Eléments de géométrie avec modification par Blanchet. 1 vol.
LÉGER. La Save. Le Danube. 1 vol.
LEGOUVÉ. Nos fils et nos filles, études de famille. 1 vol.
— L'apothéose à Thiers. 1 vol.
LEGRAND. Traité de réquisitions militaires. 2 vol.
LEGRELLE. Louis XIV et Strasbourg. 1 vol.
LEHAUTCOURT. Les expéditions françaises au Tonkin. 2 vol.
LEMIRE. Cochinchine française, royaume de Cambodge. 1 vol.
LEMOYNE. Guide du soldat. 1 vol.
— Campagne de 1866 en Italie. La bataille de Custozza. 1 vol.
— Observations sur les cours d'eau et la pluie. 2 vol.
LÉOPOLD. Les Français au bagne allemand. 1 vol.
LEROY. Cours pratique de chemins de fer à l'usage de MM. les officiers et sous-officiers de toutes armes. 1 vol.
LESBROS. Expériences hydrauliques sur les lois de l'écoulement des eaux. 1 vol.
LETOURNEAU. La biologie. 1 vol.
LEVASSEUR. Atlas universel de G. P. L. 1 vol.
LEVASNIER. Etude sur le volontariat en France et dans les armées étrangères. 1 vol.
LEVY et COURTIN. Abrégé de grammaire allemande. 1 vol.
— Cours de langue allemande. 1 vol.
LEWAL. Etudes de guerre. 5 vol.
— La réforme dans l'armée. 1 vol.
— Entretien sur l'administration militaire. 1 vol.

LEWAL. Etudes de guerre (tactique de marche). 1 vol.
— Etudes de guerre. (Tactique des renseignements). 2 vol.
— Etudes de guerre (tactique de ravitaillement). 11 vol.
LISKENNE et SAUVAN. Bibliothèque historique et militaire. 7 vol.
LITTRÉ. Dictionnaire de la langue française. 4 vol.
LOIZILLON. Lettres sur l'expédition du Mexique. 1 vol.
LONCHAMPT. Dupleix et la politique coloniale sous Louis XV. 1 vol.
— Poésies de voyage. 1 vol.
— Pourquoi l'Amérique du Nord n'est pas française. 1 vol.
LORÉDAN-LARCHEY. Gens singuliers. 1 vol.
— Origines de l'artillerie française. 1 vol.
LORT-SÉRIGNAN (de). Le blocus de Montmédy en 1870. 1 vol.
LOTI. Au Maroc. 1 vol.
LUCE. La France pendant la guerre de Cent ans. 1 vol.
LUG (de). Règlement sur la mise en œuvre des dispositifs de mines permanents.
LUZEUX. Etude sur le service en sûreté des armées en campagne. 1 vol.

M

MABILLE. La guerre, ses lois, son influence civilisatrice, sa perpétuité.
MAODONGALL. Considérations nouvelles sur l'art de la guerre chez les Anglais. 1 vol.
MAGER. Atlas colonial. 1 vol.
MAILLARD. Eléments de guerre (marches, stationnement, sûreté) 1 vol.
— Cours de l'Ecole supérieure de guerre (tactique d'infanterie). 3 vol.
MAIRE. Eléments de fortification passagère à l'usage des officiers de toutes armes. 1 vol.
MAISSIAT. Jules César en Gaule. 1 vol.
— Annibal en Gaule. 1 vol.
MALIFAUD. Etude sur la guerre civile du Nord de l'Espagne. 1 vol.
MALINONSKI. Traité spécial des phosphates de chaux. 1 vol.
MALTE BRUN. Géographie universelle. 6 vol.
MARBOT (Général). Mémoires. 3 vol.
MARCHAL. Maximes, instructions et conseils pour la cavalerie. 1 vol.
MARCILLE. Etude sur l'emploi des chemins de fer avant et pendant la guerre. 1 br.
MARCHAND. Campagne des Anglais dans l'Afghanistan (1878-1879). 1 vol.
MARET. L'épargne journalière pour garantir la vieillesse. 1 vol.
MARGOULAY. Les météores. 1 vol.
MARGUERITTE. L'Algérie et le Sahara. 1 vol.
MARION. La végétation. 1 vol.
MARIOTTI. Etudes militaires, géographiques, historiques et politiques sur l'Afghanistan. 1 vol.
— Le droit des gens en temps de guerre. 1 vol.
MARMIER. Le front sud des frontières suisses. 1 vol.
MARMONT. De l'esprit des institutions militaires. 1 vol.
— Mémoires du maréchal duc de Raguse (1792-1881). 9 vol.

MARTIN (DE SAINT-). Histoire de la géographie. 1 vol.
— Histoire de France. 17 vol.
MARTIN DES PALLIÈRES. Campagne de 1870-71. Orléans. 1 vol.
MARTIN DE BRETTES. Etude sur le budget des écoles militaires en 1875. 1 vol.
— Canons dans l'infanterie. 1 vol.
— La poudre de guerre. 1 br.
MARTUER. La guerre carliste. Récits sommaires des évènements militaires. 1 vol.
MASSILLON. Œuvres. 2 vol.
MATHIEU (Dumas). Précis des événements militaires ou Essais historiques sur les campagnes de 1799 à 1814. 18 vol.
MATRAT. Les conseils du père Vincent ou les bienfaits de l'épargne. 1 vol.
MATTEI. Etude sur les tirailleurs algériens. 1 vol.
MAUGRAS. Journal d'un étudiant pendant la Révolution de 1789-1793. 1 vol.
MAURICE. Petit manuel des levés à vue. 1 vol.
MAURICE DE SAXE. Mes rêveries. 1 vol.
MAURY et TERQUENT. Géographie physique de la mer. 2 vol.
MAZADE. Un chancelier d'ancien régime. 1 vol.
MAZEROLLE. La réunion des officiers, extrait de la *Revue de France*. 1 vol.
MECQUENEM. Conférences sur les machines et le matériel. 1 vol.
MELSENS. Rapport fait par M. Laboulaye sur un appareil destiné à l'essai des poudres de guerre. 1 br.
MERCHE. Nouveau traité des formes extérieures du cheval. 1 vol.
MEULEN (DE). La locomotive, le matériel roulant et l'exploitation des voies ferrées. 1 vol.
— La marine moderne. 1 vol.
MEYER. Règlement des manœuvres pour l'artillerie de campagne allemande suivi des règles de tir de l'artillerie allemande. 1 vol.
MICHAUD. Histoire des croisades. 4 vol.
MICHEL (Body). Aide-mémoire portatif de campagne pour l'emploi des chemins de fer en temps de guerre d'après les derniers événements. 1 vol.
— (Lévy). Rapport sur les projets de l'hygiène militaire. 1 vol.

MICHEL. Histoire de Vauban. 1 vol.
MICHELET. Histoire du xix° siècle. 3 vol.
MIGONT. Théorie des affûts et des voitures d'artillerie. 1 vol.
MIGNET. Histoire de la Révolution française. 2 vol.
MILLET (René). Souvenirs des Balkans, de Salonique à Belgrade, et du Danube à l'Adriatique. 1 vol.
MILLET. Aide-mémoire d'administration à l'usage des sous-officiers d'infanterie. 1 vol.
— Aide-mémoire d'administration à l'usage des sous-officiers de cavalerie. 1 vol.
MINSSEN. Dictionnaire des sciences militaires allemand-français. 1 vol.
— Lectures militaires allemandes. 1 vol.
MIRABEAU. De la monarchie prussienne sous Frédéric le Grand. 8 vol.
— Atlas de la monarchie prussienne. 1 vol.
MOESSARD. Topographie. 1 vol.
MOITESSIER. La lumière.
MOLTKE (de). Lettres du maréchal de Moltke sur l'Orient. 1 vol.
— Histoire de la campagne de 1866. 1 vol.
— Campagne des Russes dans la Turquie d'Europe (1828-1829). 2 vol.
— Atlas, campagne des Russes dans la Turquie d'Europe. 1 vol.
MONAGHAM (de). L'Araucanie et son roi. L'homme sage examine avant de prononcer. 1 vol.
MONCEL (du). L'électricité comme force motrice. 1 vol.
— Applications de l'électricité. 5 vol.
MONKHOWEN (de). Traité général de photographie. 2 vol.
MONTAIGNE (de). Essais avec des notes de tous les commentateurs. Edition revue sur les textes originaux. 1 vol.
MONTÉGUT. Souvenirs de Bourgogne. 1 vol.
MONTESQUIEU. La Prusse et la France devant l'histoire. 1 vol.
— Grandeur et décadence des Romains. Lettres persanes. 1 vol.
MONTILLOT. La télégraphie actuelle en France et à l'étranger.
MONTLUC (de). Communications. 4 vol.
MORACHE. Considérations sur le recrutement de l'armée et sur

l'aptitude militaire dans la population française. 1 vol.
— Traité d'hygiène militaire. 2 vol.
MORAND. De l'armée selon la charte et d'après l'expérience des dernières guerres. 1 vol.
MOREAUX. Le général René Moreaux et l'armée de la Moselle (1792-1795). 1 vol.
MORGAND. Les réquisitions militaires. 1 vol.
MORIN. Notes sur le volume d'air nécessaire pour assurer la salubrité des lieux habités. 1 vol.
— Aide-mémoire de mécanique pratique. 1 vol.
MORRIS. Essai sur l'extérieur du cheval. 1 vol.
— Cours de télégraphie. 5 vol.
MOUSSY-LINCH. Encyclopédie universelle de l'éducation. 1 vol.
— La famille. 1 vol.
MOUZAFFER PACHA. Guerre d'Orient (1877-78). 1 vol.
M. C. Mémoire sur la défense de la France par les places fortes. 1 vol.
MUEL. Gouvernements, ministères et constitutions de la France depuis cent ans. 1 vol.
MULLER. Développement de l'artillerie de place et de siège prussienne sous le rapport du matériel d'organisation de l'instruction, de 1815 à 1875. 1 vol.
MUSSET (DE). Mélange de littérature et de critique. 1 vol.

N

NIOX. Géographie militaire. Grandes Alpes, Suisse, Italie. 1 vol.
— Géographie, Europe centrale, Allemagne, Hollande et Danemarck. 1 vol.
— Géographie militaire, France. 1 vol.
— Cours de géographie. Les Russes et les Anglais. 1 vol.
— Colonies françaises. 1 vol.
— Expéditions du Mexique (1866-67). 1 vol.
— Géographie militaire. Notions de géologie. 1 vol.

NOÉ (DE LA). Conférences sur les procédés d'électricité et d'impression. 1 vol.
— Les formes du terrain. 2 vol.

NORMAND. Lettres du Tonkin (1884-1885). 1 vol.

NOURY (LE). La marine au siège de Paris. 1 vol.

NUMA DE CHILLY. L'espionnage. 1 vol.

HUGUES (Saint-Cyr). Colson, sa mission en Russie et son voyage en Caucase. 1 vol.

NAPOLÉON III. Commentaires de Napoléon Ier, avec plans. 6 vol.

NAPOLÉON Ier. Correspondance. 31 vol.
— Maximes de guerre. 1 vol.
— Maximes de guerre et pensées. 1 vol.
— Correspondance. 32 vol.
— Œuvres historiques, de 1740 à 1763, suivies du Précis des guerres de Frédéric. 3 vol.
— Bataille de Preussich-Eylau gagnée par la Grande Armée. 1 vol.
— Campagnes d'Italie, Egypte et de Syrie. 3 vol.
— Correspondance militaire. 10 vol.

NEUCHEZE. Traité théorique et pratique de fortification passagère. 1 vol.

NEY DE LA VILETTE. Manuel du volontaire d'un an dans l'infanterie. 1 vol.

NICOLAS (Victor). Le livre d'or de l'infanterie de marine. 2 vol.

NIEL. Siège de Sébastopol. Journal des opérations du siège. 1 vol.
— Géographie de l'Algérie. 1 vol.

O

ODON. Etude sur la tactique élémentaire de l'infanterie. 1 vol.
OMOUTON. Conférences sur l'hygiène. 1 vol.
ORTUS. L'armement de l'infanterie française. 1 vol.

P

PAJOL. Histoire de Pajol, général en chef. 1 vol et 1 atlas.
— Pajol, général en chef. 3 vol.
PALIKAO (DE). Un ministère de la guerre de vingt-quatre jours. 1 vol.
PALLAIN. Ambassade de Talleyrand à Londres (1830-1834). 1 vol.
PARCIC. Grammaire de la langue serbo-croate. 1 vol.
PARDIELLAN (DE). L'armée allemande telle quelle est. 1 vol.
PARIS. Traité de tactique appliquée. 1 vol.
— Tactique élémentaire de la cavalerie prussienne. 1 vol.
PARVILLE (DE). Causeries scientifiques. 3 vol.
— L'exposition universelle de 1889. 1 vol.
— Causeries scientifiques (28ᵉ année 1888). 1 vol.
PASCAL. OEuvres complètes. 2 vol.
PASQUIÉ. Les feux de guerre. 1 vol.
PATRY. Atlas des campagnes de France (1870). 2 vol.
PAULET. Traité d'anatomie topographique. 4 vol.
PAYS (DU). Itinéraire descriptif, historique et artistique de l'Italie et de la Sicile. 1 vol.
— Belgique et Hollande (*Guide diamant*). 1 vol.
PELET. Collection de mémoires politiques et militaires pour servir à l'histoire de France sous l'Empire. 1 vol.
PEPE. Histoire des révolutions et des guerres d'Italie (1847-48-49). 1 vol.
PÉRIGAUX. Atlas historique et géographique. 1 vol.
PÉROZ. La tactique dans le Soudan. 1 vol.
PERRET. Récits de Crimée (1854-56). 1 vol.
PERRIER. Jonction géodésique de l'Algérie et de l'Espagne. 1 vol.
PERRIN. Marche d'Annibal des Pyrénées au Pô.
PERINI-HARDY (DE). Tactique française. La division. 1 vol.
PÉRIZONIUS. Traité d'artillerie militaire professé dans les écoles de guerre et d'Allemagne. 2 vol.
PEYREMOL. L'amateur d'équitation. 2 vol.
PHILEBERT. La conquête pacifique de l'intérieur africain. 1 vol.
PICARD. Atlas : leurs histoires et géographie. 2 vol.
— Le nouveau règlement d'exercices de la cavalerie italienne. 1 vol.
— Leçons d'histoire et de géographie militaire (1854 à 1886). 3 vol. et 2 atlas.

PICARDAT. Les mines dans la guerre de campagne. 1 vol.
PICHAT. Géographie militaire du bassin du Rhin. 1 vol.
PIERRE. Cours de chimie agricole. 2 vol.
PIERRON. Histoire de la littérature romaine. 1 vol.
— Histoire de la littérature grecque. 1 vol.
— Cours de stratégie. 2 vol.
— Les méthodes de guerre actuelles et vers la fin du XIXe siècle. 2 vol. 2 exemp.
— Stratégie et grande tactique d'après l'expérience des dernières guerres. 2 vol. 2 exemp.
— Les méthodes de guerre actuelles et vers la fin du XIXe siècle. 2 vol. 2 exemp.
PIERRON. La défense des frontières de la France. 1 vol.
PINODAU. Souvenirs du général marquis de Pinodau. 2 vol.
PIOBERT. Cours d'artillerie à l'usage des élèves de l'Ecole d'application d'artillerie et du génie. 1 vol.
PIPPRE (LE). Guide pour la préparation des transports de troupes par les chemins de fer en temps de guerre. 1 vol.
PIRON. Le bombardement et la fortification moderne. 1 vol.
PLANTET. Correspondance des deys d'Alger avec la cour de France (1579-1833). 2 vol.
PLESSIX et LEGRAND-GIRARDE. Manuel complet de fortification. 1 vol.
PLON. Thowaldesen, sa vie et son œuvre. 2 vol.
PRADIER-FODÉRÉ. Commentaire sur le Code de justice militaire. 1 vol.
PRÉVOST. Les forteresses françaises pendant la guerre de 1870-1871. 1 vol.
PRIVAT-DESCHANEL. Dictionnaire des sciences. 2 vol.
PROST. Le marquis de Jouffroy d'Albans, inventeur de l'application de la vapeur à la navigation. 1 vol.
PRUDHOMME. Etude sur la tenue de l'infanterie. 1 vol.
POIROT. Devoirs moraux du soldat (préceptes et exemples). 1 vol.
— Cours de législation et d'administration. 1 vol.
PORCHAT. Œuvres de Gœthe. 10 vol.
— Théâtre de Gœthe. 3 vol.
POURCET. Campagne sur la Loire (1870-1871). Les débats du 16e corps. 1 vol.
POURIAU. L'industrie laitière dans les deux Savoies. 1 vol.

Q

QUARRÉ DE VERNEUIL. L'armée en France depuis Charles VII jusqu'à la Révolution (1439-1789). 1 vol.
QUICHERAT. Dictionnaire latin-français. 1 vol.
QUINTEAU. La guerre de surprise et d'embuscades. 2 vol.

R

RAU. L'état militaire des principales puissances étrangères au printemps de 1880. 1 vol.
— L'état militaire des principales puissances étrangères. 1 vol.
— L'état militaire des principales puissances étrangères au printemps de 1886. 1 vol.

RABELAIS. OEuvres. 2 vol.

RABANY. La loi sur le recrutement. 2 vol.

RACINE (Esther). Tragédie. 1 vol.
— OEuvres. 1 vol.

RAGON. Histoire générale des temps modernes, depuis la prise de Constantinople par les Turcs jusqu'à la Révolution française. 4 vol.

RAMBAUD. Histoire de la Révolution. 1 vol.
— Français et Russes. 1 vol.
— Les Français sur le Rhin (1782-1804). 1 vol.
— L'Allemagne sous Napoléon Ier (1804-1811). 1 vol.
— Histoire de la civilisation française. 2 vol.

RAMBERG. Recherches théoriques et pratique sur les fusées pour projectiles. 1 vol.

RAPIN. Du drainage à triple drain triangulaire. 1 vol.

RATHEAU. Traité de fortification comprenant la fortification passagère. 1 vol.
— La Galas en 1886. 1 vol.
— Souvenir des fêtes de Saint-Jean-de-Losne. 1 vol.
— Etude sur la fortification polygonale comparée à la fortification bastionnée. 1 vol.

RAVENEZ. La vie du soldat au point de vue de l'hygiène. 1 vol.

RECLUS. Nouvelle géographie universelle. 17 vol.
— Géographie (France, Europe). 2 vol.
— La terre. 2 vol.
— Nouvelle géographie universelle. 1 vol.

RECOING. Cours de géographie. Les colonies françaises.

REILLE. Discours de M. le baron Reille, député du Tarn, dans la séance du 20 mars 1880. 1 vol.

REINACH. Le ministère de Gambetta. 1 vol.
— Léon Gambetta. 1 vol.
— Feuille détachées. 1 vol.
REMUSAT (de). Mémoires de Mme de Remusat. 3 vol.
RENAN. Les évangiles et la génération chrétienne. 1 vol.
— Vie de Jésus. 1 vol.
— Feuilles détachées. 1 vol.
RENAULT. Conférence sur le droit international. 2 vol.
REYNAL. Traité de la police sanitaire des animaux domestiques. 1 vol.
RICHARD. Cours de législation et d'administration militaires. 8 vol.
— Etude du cheval de service et de guerre suivant les principes élémentaires des sciences naturelles. 1 vol.
RICHELOT. Gœthe, ses mémoires et sa vie. 4 vol.
RIENCOURT. Les militaires blessés et invalides, leur histoire, leur situation en France et à l'étranger. 2 vol.
ROBERT (Général). Exercices d'instruction pratique des cadres d'infanterie. 2 vol.
— Les destructeurs des arbres d'alignement. 1 vol.
— Discours (séances des 18 et 19 mars 1880). 1 vol.
ROBISSON. Les corps gras alimentaires : lait, beurre, fromage. 1 vol.
ROCHAS (de). La vallée vaudoise. 1 vol.
ROCHAID. Marine marchande et colonies avec une carte de chemin de fer de l'Algérie et Tunisie. 1 vol.
ROCHE-AYMOND (Comte de la). Mémoires sur l'art de la guerre. 5 vol.
ROCQUANCOURT. Cours complet d'art et d'histoire militaires. 4 vol.
RODDAZ (de). L'art ancien à l'exposition nationale belge. 1 vol.
ROGNIAT. Remarques critiques sur l'ouvrage intitulé : « Considérations sur l'art de la guerre », par M. le colonel Marbot. 1 vol.
— Relation des sièges de Saragosse et Cortosse par les Français dans les dernières guerres d'Espagne. 1 vol.
ROGUET (Comte). Mémoires militaires du lieutenant-général. 4 vol.
— Insurrection et guerres des barricades. 1 vol.
— L'officier d'infanterie en campagne, petite guerre. 1 vol.
ROBIN. La guerre dans l'Ouest, campagne de 1870-71. 1 vol.

ROSNY. Traité de l'éducation des vers à soie au Japon. 2 vol.
ROSSIGNOL. Traité élémentaire d'hygiène militaire. 1 vol.
ROTHAN. L'Allemagne et l'Italie, sauveurs diplomatiques. 2 vol.
— L'affaire du Luxembourg. Le prélude de la guerre de 1870. 1 vol.
— La politique française en 1886.
ROUSSEAU (JEAN-JACQUES). OEuvres complètes. 4 vol.
ROUSSET (C.). Les volontaires de 1791-1794. 1 vol.
— Histoire de Louvois, son administration politique. 4 vol.
— Grande Armée de 1813. 1 vol.
— La conquête de l'Algérie (1841-1857). 2 vol.
— L'Algérie (1830-1840). 2 vol. et un atlas.
— Atlas : l'Algérie, commencement d'une conquête. 1 vol.
— Conquête de l'Algérie (1 atlas). 1 vol.
— Le comte de Gisors (1732-1758). 1 vol.
— Correspondance de Louis XV et du maréchal de Noailles. 2 vol.
— Histoire de la guerre de Crimée. 2 vol.
— Souvenirs du maréchal Macdonald, duc de Tarente. 1 vol.
ROUVIN. La tête humaine. Etude de physiognomonie. 1 vol.
ROUX (LE). Exposition universelle de 1867. Documents et rapports. 4 vol.
ROY. Répertoire alphabétique de termes militaires allemands. 1 vol.
RUBLE. L'armée et l'administration allemande en Champagne. 1 vol.
RUFIN. Cours d'administration militaire en quinze leçons. 1 vol.
RUSTOW. La guerre de 1866 en Allemagne et en Italie. Description historique et militaire. 1 vol.
— Guerres des frontières du Rhin (1870-71). 1 vol.
— La petite guerre. 1 vol.
— Tactique générale avec des exemples à l'appui. 1 vol.
— Art militaire au XIXe siècle (1re partie). 1 vol.
— L'art militaire au XIXe siècle. Etudes stratégiques sur les guerres les plus récentes. 3 vol.
— Etudes stratégiques et tactique sur les guerres les plus récentes. 3 vol.

S

SABRAN. Notes de voyage d'un hussard. 1 vol.
SACY (LE MAISTRE DE). La sainte Bible. 1 vol.
SAINT-SIMON (duc DE). Mémoires. 18 vol.
SALLUSTE. Guerre de Jugurtha. 1 vol.
SALNEUVE. Cours de topographie et de géodésie. 1 vol.
SAUSSAYE (DE LA). Equitation d'extérieur, dressage. 1 vol.
SARREPONT. Les torpilles, avec 183 figures. 1 vol.
— Le bombardement de Paris par les Prussiens en janvier 1871. 1 vol.
— Histoire de la défense de Paris (1870-71). 1 vol.
SAVIGNON (DE). Discours prononcé le 3 novembre 1880 à l'audience de rentrée de la cour d'appel de Limoges. 1 vol.
SAVOYE (CHA. DE). Règlement sur le service des armées en campagne. 1 vol.
SAY. Traité d'économie politique ou simple exposition. 1 vol.
— Economie sociale. 1 vol.
SCHEIBERT. La guerre franco-allemande de 1870-71. 1 vol.
SCHELL. Les opérations de la 1re armée sous les ordres du général Gœben. Campagne 1870-71. 1 vol.
— Les opérations de la 1re armée sous les ordres du général Steinmetz depuis le commencement de la guerre jusqu'à la capitulation de Metz. 1 vol.
SCHELLENDORFF. Considérations sur un mode de combat de l'infanterie. 1 vol.
— Le service d'état-major. 2 vol.
SCHENCH. Instructions de 1887 sur les grandes manœuvres autrichiennes. 1 vol.
SCHERFF. Etudes sur la nouvelle tactique d'infanterie. 1 vol.
SCHILLEMANS. Notice sur l'Annam. 1 vol.
SCHILLER. Histoire de la guerre de Trente ans. 1 vol.
SCHLIEBEN. L'artillerie à cheval et la cavalerie. 1 vol.
SCHMIDT. Les nouvelles armes à feu portatives adoptées comme armes de guerre dans les états modernes. 2 vol.
SCHNÉGANS. La guerre raisonnée. 1 vol.

SCHNÉEGANS. L'artillerie dans la guerre de campagne. 1 vol.
SCHRADER. Atlas de géographie moderne. 1 vol.
SCHULZ. Bibliographie de la guerre franco-allemande (1870-1871).
    1 vol.
SCHWARTZE. Le téléphone, le microphone, le radiophone. 1 vol.
SCRIBE. Théâtre. 1 vol.
— Rêves d'amour. 1 vol.
— Feu Lionel ou Qui vivra verra. 1 vol.
— La czarine. 1 vol.
— Bataille de dames. 1 vol.
— La fille de 30 ans. 1 vol.
— Le prophète. 1 vol.
SÉGUR (DE). — Histoire et mémoires. 8 vol.
SERONI. Géographie stratégique. 1 vol.
SÈVE. Soliman-Pacha. 1 vol.
SIMOND. La Chine méridionale. 2 vol.
SIMON (JULES). La liberté civile.
— La liberté de conscience.
— La religion naturelle.
— Le devoir.   } 8 vol.
— L'école.
— La réforme de l'enseignement secondaire.
— L'ouvrière.
SIMONEAU. Les dépenses et les trésors de la guerre. 1 vol.
SIRÉ-DEPONS. Trois catastrophes à Pontoise : la grêle, le grand
    hiver, la disette. 1 vol.
SKOBELEFF. Les Russes dans l'Asie centrale : la dernière cam-
    pagne de Skobeleff. 1 vol.
SOKOLOFF. Dictionnaire russe-français et français-russe. 3 vol.
SONNET. Dictionnaire des méthématiques appliquées. 1 vol.
SOREL. L'Europe et la Révolution française. 4 vol.
— La question d'Orient au XVIII° siècle. 1 vol.
SOULIÉ. Instruction pour les formations de guerre. 1 vol.
SOULOT. Méthode de plans cotés. 1 vol.
SOULT. Mémoires du maréchal Soult : Histoire des guerres de la
    Révolution. 3 vol.
— Atlas : mémoires du maréchal Soult. 1 vol.
SOUREL. Le fond de la mer. 1 vol.

STAAF. La littérature française depuis la formation de la langue jusqu'à nos jours. 6 vol.
STANLEY. A travers le continent mystérieux. 2 vol.
— Dans les ténèbres de l'Afrique. 2 vol.
STENART. Conseils aux acheteurs de chevaux. 1 vol.
STIELER. Hand-atlas. 1 vol.
STOFFEL. Rapports militaires écrits de Berlin (1866-1870). 1 vol.
— Histoire de Jules César, guerre civile. 2 vol.
— Rapports militaires écrits de Berlin (1866-1870). 1 vol.
— Atlas guerre civile de Jules César. 1 vol.
SUCHET (Maréchal). Mémoires. 2 vol.
— Mémoires sur ses campagnes en Espagne depuis 1808 jusqu'en 1804. 2 vol.
— Atlas des mémoires. 1 vol.
SUCKAU. Cours gradués de thèmes allemands. 1 vol.
SUSANE. Histoire de l'ancienne infanterie française. 8 vol. 1 atlas.
— Histoire de l'artillerie française. 1 vol.
— Histoire de la cavalerie française. 6 vol.
SCHRADER. Atlas de géographie moderne.

T

TAILLANDIÉ. Maurice de Saxe. Etude historique d'après les documents des archives de Dresde. 1 vol.

TAINE. Les origines de la France contemporaine. L'ancien régime. 3 vol.
— La Révolution. 3 vol.
— Les origines de la France contemporaine. Le régime moderne. 1 vol.

TARTRAT. Conférence sur l'aérostation militaire. 1 vol.

TASSE (le). La Jérusalem délivrée. 1 vol.

TASSY. Etude sur l'aménagement des forêts. 1 vol.

TENOT. Paris et ses fortifications (1870-1880). 1 vol.
— La frontière. Défense de la France (1870-1882). 1 vol.

TERNAY (de). Traité de tactique, avec un atlas. 2 vol., 1 atlas.

THIBAULT. Dictionnaire français-allemand et allemand-français. 1 vol.

THIÉBAUD. Relation de l'expédition du Portugal en 1807-1808. 1 vol.

THIERRY. Saint-Jean Chrisostôme et l'impératrice Eudoxie. 1 vol.
— Nestorius Eutychès. 1 vol.
— Dix ans d'études historiques. 1 vol.
— Histoire de la Gaule sous la domination romaine jusqu'à la mort de Théodore. 2 vol.
— Récits des temps mérovingiens. 1 vol.
— Conquête de l'Angleterre par les Normands. 2 vol.
— Derniers temps de l'empire romain. 2 vol.
— Histoire d'Attila. 1 vol.
— Alaric. L'agonie de l'empire romain. 1 vol.
— Histoire des Gaulois depuis les temps les plus reculés jusqu'à l'entière soumission de la Gaule. 2 vol.

THIERS. De l'influence exercée par l'artillerie rayée sur la défense des places. 1 br.
— Atlas des guerres du Consulat et de l'Empire. Histoire de la Révolution française. 2 vol.
— Histoire du Consulat et de l'Empire. 5 vol.

THIROUX. Instruction théorique et pratique d'artillerie, à l'usage, etc. 1 vol.
THIVAL. Passage des cours d'eau dans les opérations militaires. 2 vol.
— Rôle des localités à la guerre. Attaque et défense des villes ouvertes, bourgs, etc. 2 vol.
THOMANN. La division de cavalerie dans la bataille. 1 vol.
THOMAS. De l'esprit militaire en France. 2 vol.
THOUMAS. Le maréchal Lannes. 1 vol.
— Les capitulations. Etude d'histoire militaire. 1 vol.
— Causeries militaires (année 1888). 1 vol.
THUCYDIDE. Histoire de la guerre du Péloponèse. 2 vol.
TISSOT. La Chine d'après les voyageurs les plus récents. 1 vol.
— La société et les mœurs allemandes. 1 vol.
TITEUX. Cours de topographie (1884-85) (1885-86). 2 vol.
TOCQUEVILLE (de). De la démocratie en Amérique. 3 vol.
— L'ancien régime et la Révolution. 6 vol.
TOLSTOI. La guerre et la paix. 3 vol.
TOOK. Histoire de l'empire de Russie. 6 vol.
TOPINARD. L'anthropologie. 1 vol.
TOURNAFOND. L'exploration : Revue des conquêtes de la civilisation sur tous les points du globe. 6 vol.
TOURNEFORT (de). Stances d'un volontaire. 1 vol.
TRIPIER. Code de justice militaire pour l'armée de terre. 1 vol.
— Code de justice militaire pour l'armée de mer. 1 vol.
TRIVIER (E.). Mon voyage au continent noir. La Gironde en Afrique. 1 vol.
TROGUEUX. Notice historique sur les divers modes de transport par mer. 1 vol.
TROMENCE (de). Etude sur le réseau de chemins de fer français. 1 vol.
TROOST. Traité élémentaire de chimie. 1 vol.
TURGAN. Les grandes usines. 10 vol.

U

ULBABH. La czardas, notes et impressions d'un Français en Autriche, en Hongrie, etc. 1 vol.
URICH. Documents relatifs au siège de Strasbourg. 1 vol.

V

VALBEZIN. Les Anglais et l'Inde. 2 vol.
VALLON. Cour d'hippologie à l'usage de MM. les officiers des haras. 2 vol.
VANDAL. Napoléon et Alexandre Ier. L'alliance russe sous le premier empire. De Tilsitt à Erfurt. 1 vol.
VAN WETER. L'éclairage électrique à la guerre. 1 vol.
VAPEREAU. Dictionnaire universel des contemporains. 1 vol.
VARENNE DE FEUILLE. OEuvres agronomiques et forestières. 1 vol.
VASILI. La sainte Russie. 1 vol.
VASSILION. Opérations de l'armée romaine pendant la guerre de l'indépendance. 1 vol.
VAUBAN. Oisiveté de Vauban. 1 vol.
— Traité des sièges et de l'attaque des places. 1 vol.
VAUCHELLE. Cours d'administration militaire. 3 vol.
VAUCHERET. Contribution à la tactique positive. Un voyage d'état-major à l'Ecole supérieure de guerre en 1885. 1 vol.
VAUDEVELDE. La guerre de 1866 en Allemagne et en Italie. 1 vol.
— La tactique appliquée au terrain, avec planches. 2 vol.
VAUDONCOURT. Campagne de Russie (1812). 1 vol.
VAULABELLE. Histoire des deux Restaurations jusqu'à l'avènement de Louis-Philippe, de janvier 1813 à octobre 1830. 8 vol.
VERDY DU VERNOIS. Etudes sur l'art de conduire les troupes. 2 vol.
— Etudes sur le service en campagne. 1 vol.
— Essai de simplification du feu de guerre. 1 vol.
VERNE. Les Indes Noires. Vingt mille lieues sous les mers. 2 vol.
— Michel Strogoff. Un drame au Mexique. 1 vol.
— Cinq semaines en ballon. 1 vol.
— Un capitaine de 15 ans. 2 vol.
— De la terre à la lune. 5 vol.
VERNEUIL. Les couleurs de la France, ses enseignes et ses drapeaux. 1 vol.

VEXIAN. Commentaire abrégé sur le code de justice militaire pour l'armée de terre. 1 vol.
VIAL. Cours d'art et d'histoire militaires. 2 vol.
VIARD. Au bas Niger. 1 vol.
VIARDOT. Merveilles de la peinture.
VIEL. Atlas sur le journal des opérations du siège de Sébastopol. 1 vol.
VIENNE. Cours de tactique de cavalerie. 3 vol.
VIGNES. Traité des impôts en France considérés sous le rapport du droit de l'économie politique et statistique. 2 vol.
IGNON. La France dans l'Afrique du Nord (Algérie et Tunisie)V. 1 vol.
VIGNY. Servitude et grandeur militaires. 1 vol.
VILLARET (de). Daï Nipon : Le Japon. 1 vol.
VILLE. Notice minéralogique sur les provinces d'Oran et d'Alger. 1 vol.
— Exploitation géologique du Beni-Mzab. 1 vol.
VILLEMAIN. Tableau de l'éloquence chrétienne au IV° siècle. 1 vol.
— Cours de littérature française. 4 vol.
— La tribune moderne et M. de Châteaubriant ; sa vie, ses écrits, etc. 1 vol.
— Ouvrage posthume. 1 vol.
— La tribune moderne en France et en Angleterre. 1 vol.
VINOY. Le siège de Paris. 1 vol.
— Campagne de 1870-1871, siège de Paris, opérations du 13° corps de la III° armée. 1 vol.
— Histoire de la campagne de 1870-1871. L'armistice et la Commune. 1 vol.
— Atlas du siège de Paris.
VIOLLET LE DUC. Mémoire sur la défense de Paris (septembre 1870-janvier 1871). 1 vol.
— Atlas-mémoire sur la défense de Paris. 1 vol.
— Histoire d'une forteresse. 1 vol.
— Le massif du mont Blanc. 1 vol.
VIRY. Manuel d'hygiène militaire. 1 vol.
VITU. Histoire civile de l'armée ou des conditions du service militaire en France. 1 vol.
VOGEL. La photographie et la chimie. 1 vol.
VOLTAIRE. Histoire de Charles XII. 1 vol.

VOLTAIRE. Le siècle de Louis XIV. 1 vol.
— Œuvres. 13 vol.
VON ARNIM. Notices militaires. Extraits du journal d'un chef de compagnie. 2 vol.
VON EUSE. Vie de Seydlitz, traduit par Delarclause. 1 vol.
VON MIRUS. Aide-mémoire du cavalier pour servir à l'instruction des jeunes officiers et des sous-officiers. 1 vol.
VON SCHELL. Etude sur la tactique de l'artillerie de campagne. 1 vol.
VORREPIERRE (de). Dictionnaire français illustré et encyclopédie universelle. 1 vol.
WACHTER. La guerre de 1870-1871. Histoire pratique et militaire. 1 vol.
— Atlas des campagnes de 1870-1871. 1 vol.
WALLON. Histoire du tribunal révolutionnaire de Paris avec le journal de ses actes. 6 vol.
WALDERSÉE. Méthode d'enseignement du combat de tirailleurs pour l'infanterie prussienne. 1 vol.
— Du service en campagne. Méthode d'instruction pratique pour les soldats et officiers d'infanterie. 1 vol.
WARNET. Signaux pour les correspondances. 1 vol. br.
WARTENSLEBEN. Opérations de l'armée du Sud pendant les mois de janvier et février. 1 vol.
— Opérations de la 1re armée, sous le commandement de Menteufel, depuis le commencement jusqu'à la prise de Péronne. 1 vol.
WAUWERMANS. Etudes sur la science du mineur et les effets dynamiques de la poudre. 1 vol.
WEIL. L'expédition de Khiva. 1 vol.
— Les forces militaires de la Russie. Organisation des corps de troupes. 2 vol.
WETTEL. Le droit des gens ou Principes de la loi naturelle. 3 vol.
WIDDERN (von). Manuel de la conduite des troupes. 3 vol.
WILZLEBEN. Organisation de l'armée de l'Allemagne du Nord. Recrutement. 1 br.
WIMPFFEN. Sedan. 1 vol.
WOLF. Les régiments de dromadaires. 1 vol.
WURTZ. Leçons de philosophie chimique. 1 vol.

X

XÉNOPHON. Expédition des Dix Mille ou Anabase. 1 vol.

Y

YUSUF. De la guerre en Afrique. 1 vol.

Z

ZASTROW (DE) Histoire de la fortification permanente ou Manuel des meilleurs systèmes et manières de fortifications. 2 vol. et 1 Atlas.

ZBOINSKI. L'armée ottomane, son organisation actuelle telle qu'elle résulte de l'exécution de la loi de 1869. 1 vol.

ZELLER. Pie IX et Victor Emmanuel. 1 vol.
— Histoire de l'Allemagne. 2 vol.

ZURCHER. Le monde sidéral. 1 vol.
— La prévision du temps. 1 vol.
— Volcans et tremblements de terre. 1 vol.

L'armée sans chef. 1 vol.
Actes du gouvernement de la Défense nationale, du 4 septembre 1870 au 8 février 1871. 1 vol.
Bibliothèque du dépôt de la guerre. Catalogue. 1 vol.
Aide-mémoire de l'officier du génie en campagne. 1 vol.
Agriculture française. Département du Tarn. 1 vol.
Album du monde élégant. 2 vol.
Almanach des noms expliquant 2,800 noms de personnes. 1 vol.
Aide-mémoire portatif de campagne à l'usage des officiers d'artillerie. 4 vol.
Aide-mémoire de l'officier d'état-major en campagne.
Annuaire de l'artillerie, années 1888 et 1891.
Annuaire du génie, année 1891.
Annuaire de la cavalerie depuis l'année 1880.
Annuaire de l'infanterie depuis l'année 1880.
Annuaire de l'armée française depuis l'année 1878.
Annuaire de l'intendance, année 1891.
Annuaire du train des équipages, année 1891. 1 vol.
Annuaire de la marine, année 1891.
Annexe au rapport fait au nom de la commission des marchés relativement à l'enquête sur le matériel de guerre. 1 vol.
Annales de l'Institut national agronomique. 1 vol.
Aperçu historique et statistique sur l'Etat d'Alger, à l'usage de l'armée d'Afrique. 1 vol.
Archives de la commission scientifique du Mexique, 3 vol.
Armée de la confédération du Nord de l'Allemagne. 1 vol.
Atlas, aperçu sur l'Etat d'Alger. 1 vol.
Atlas sur l'armée du Rhin (1792-1795). 1 vol.
Atlas de l'expédition de Chine. 1 vol.
Atlas, grand état-major allemand (1870-1871). 1 vol.
Atlas de la monarchie prussienne (1788). 1 vol.
Atlas des campagnes de Napoléon III en Italie.
Atlas des guerres d'Orient, siège de Sébastopl. 1 vol.
Atlas de géographie générale, par le colonel Niox. 1 vol.

Bacon. 1 vol.
Bibliothèque du dépôt de la guerre. 1 vol.
Bulletin de la réunion des officiers. 16 vol.
Campagne du duc de Rohan dans la Valteline (1835). 1 vol.
Campagne de l'empereur Napoléon III en Italie (1859). 1 vol.
Catalogue de la bibliothèque principale de la division d'Alger. 1 vol.
Catalogue de la bibliothèque du dépôt de la guerre. 2 vol.
Catalogue de la bibliothèque principale de la division d'Alger. 1 vol.
Catalogue du dépôt de la guerre. 4 vol.
Causes de nos désastres. 1 br.
Chemins de fer français, situation au 31 décembre 1875.
Cavalerie en campagne. Etude d'après la carte. 1 vol.
Chemins de fer français, situation au 31 décembre 1874. 1 vol.
Code manuel des officiers proposés pour l'avancement. 1 vol.
Commission de la réorganisation de l'armée, séances des 13 et 17 juin. 1 vol.
Concours d'animaux reproducteurs, d'instruments, machines, etc. 1 vol.
Concours d'animaux reproducteurs. 1 vol.
Concours régionaux d'animaux reproducteurs. 1 vol.
Concours d'animaux reproducteurs, d'instruments et produits agricoles en 1856. 2 vol.
Concours international de machines à moissonner. 1 vol.
Conférences sur la lecture des cartes topographiques. 1 vol.
Coordonnée géographique de la carte de France. 1 vol.
Cours d'art militaire à l'usage des élèves de l'Ecole d'application de l'artillerie et du génie. 1 vol.
Cours sur le tracé et la construction des batteries de toute espèce, extrait de l'ouvrage publié par le comité d'artillerie. 1 vol.
Cours d'équitation militaire à l'usage des corps de troupe à cheval. 2 vol.
Cours de balistique, notions préliminaires. 1 vol.
Cours d'administration (1885-1886, 1886-1887). 5 vol.
De la tactique du combat et de l'emploi des tirailleurs. Conférences faites au 90ᵉ de ligne. 1 br.
Description des espèces bovine, ovine et porcine, en France. 1 vol.

Décret du 7 août 1875 portant modification à l'ordonnance du 10 mai 1844 sur l'administration et la comptabilité des corps de troupe. 1 br.

Des marches et des combats, commentaires des titres XII et XIII du règlement du 3 mai 1822 sur le service des armées en campagne. 1 vol.

Documents statistiques sur les chemins de fer. 1 vol.

Documents sur les routes et ponts. 1 vol.

Ecole de mine. 2 vol.

Ecole de fortification de campagne, approbation ministérielle du 21 juin 1875. 1 vol.

Ecole de sape, opographie. 1 vol.

Enquête parlementaire sur l'insurrection du 18 mars 1871. 1 vol.

Enquête agricole faite par décret impérial du 28 mars 1866. 28 vol.

Enseignement tactique des troupes de cavalerie en Italie (Instruction du 13 mai 1872). 1 vol.

Etude sur la cavalerie de la Grande Armée, campagne de 1805-1806, publiée par la réunion des officiers. 3 vol.

Etude comparative sur le recrutement et l'organisation du corps d'officiers en Prusse et en France. 1 vol.

Exposition universelle de 1889. Les expositions de l'Etat au Champ-de-Mars et à l'Esplanade des Invalides. 2 vol.

Exposition 1873. Rapports du jury central sur les produits de l'industrie française. 1 vol.

Exposition universelle de Paris 1867. Nouvel ordre de récompenses. 1 vol.

Exposition universelle de 1867. Guide de l'exposant et du visiteur. 1 vol.

Géographie militaire et maritime des colonies françaises. 1 vol.

Géographie militaire, France. 2 vol.

Guerre de 1870-1871, par le grand état-major allemand. Atlas.

Guerre d'Orient. Siège de Sébastopol, historique du service de l'artillerie (1854-1856). 2 vol.

Guerre franco-allemande, par le grand état-major prussien. 14 vol.

Guerre de Danemarck. 1 vol.

Guide de l'officier sur l'art de la guerre. 1 vol.

Histoire de l'ex-corps d'état-major, par un officier du corps.

Historique du 2e bataillon de la garde mobile de la Seine-Inférieure. 1 vol.
Histoire de la campagne de 1866, rédigée par la section historique du corps royal d'état-major, sous la direction du général de Moltke. 1 vol.
Histoire de la campagne de 1866. 1 vol.
Histoire des campagnes de Napoléon (1805). 1 vol.
Illustration, depuis 1890. 4 vol.
Instruction sur la défense des places. 1 vol.
Instruction à l'usage des corps francs et spécialement des francs-tireurs de la légion alsacienne et lorraine formée à Bordeaux. 1 vol.
Instruction provisoire pour les diverses marches du VIe corps d'armée. 1 vol.
Instructions en cas de trouble. 1 br.
Instruction sur le service d'artillerie dans un siège. 1 vol.
Introduction de l'histoire de la philosophie. Philosophie de Locke. 2 vol.
Itinéraire en Tunisie (1881-1882). 1 vol.
Journal du camp de Châlons en 1857, publié par ordre de l'empereur. 1 vol. et 2 carte.
Journal du siège de Grave. 1 vol.
Labourage à vapeur. Concours international de Roanne. 1 vol.
L'armée française et son budget en 1890. 1 vol.
La capitale de l'Empire ottoman considérée sous le point de vue militaire. 1 vol.
La Hongrie chevaline. Exposé devant servir de guide à l'exposition internationale de chevaux de Paris (1878). 1 vol.
La guerre de 1870-1871. Résumé historique traduit de l'allemand. 2 vol.
La guerre d'Orient en 1877-1878. Etude stratégique et tactique des opérations des armées russes et turques. 3 vol.
La guerre en Orient.
La colonisation en Algérie. 1 vol.
L'ancienne France. La marine et les colonies. 1 vol.
La Russie et l'Angleterre en Asie centrale. 1 vol.
L'armée française (1879), par un officier en retraite. 1 vol.
L'armée française depuis le moyen âge jusqu'à la Révolution. 1 vol.

Le blocus de Metz en 1870. Publication du conseil municipal de Metz. 1 vol.
Le général La Marmora et l'alliance prussienne. 1 vol.
Grundsätze der hohern Kriegkünst (principes de l'art de la grande guerre). 1 vol.
Le musée d'art scolaire. 17 vol.
Le maréchal de Moltke. 1 vol.
Les colonies françaises en 1883. Publication du Ministre de la guerre et de la marine. 2 vol.
Les armées françaises et étrangères en 1874. 1 vol.
Les chemins de fer allemands et les chemins de fer français. 1 vol.
Les armes portatives en Allemagne, Prusse. Système Mauser, fusil d'infanterie modèle 1874. 1 vol.
Les instituts militaires de la France. 1 vol.
Lettres du duc d'Orléans (1825 à 1842). 1 vol.
L'impôt du sang. Etude sur le recrutement de l'armée.
Livre d'or contenant la liste générale des personnes qui ont souscrit pour la Légion d'honneur. 1 vol.
Lois et documents du drainage. 1 vol.
Louis XIV. 1 vol.
Le Loyal Serviteur. Histoire du Chevalier sans peur et sans reproche. 1 vol.
Manuel du soldat. Publication de la réunion des officiers. 1 vol.
Manuel du soldat d'infanterie, en usage dans la division d'Alger. 1 vol.
Manuel du sapeur d'infanterie, publié par le Ministre de la guerre italien. 1 vol.
Manuel des connaissances militaires pratiques utiles à MM. les officiers et sous-officiers. 1 vol.
Manuel des connaissances militaires pratiques, avec 156 figures. 1 vol.
Manuel de connaissances pratiques. 1 vol.
Manœuvres russes. Un atlas lithographié avec texte et planches. 1 vol.
Manuel du droit international. 2 vol.
Mélanges militaires. 1 vol.
Mélanges militaires contenant les numéros de 1 à 20, numéros de l'inventaire de 544 à 555.

Mémorial de l'artillerie, rédigé par les soins du comité. 6 vol.
Mémorial de l'officier du génie.
Metz, campagne et négociations. 1 vol.
Le Monde illustré, depuis 1890. 4 vol.
Ministère de la guerre. Rapport de la commission militaire sur l'exposition universelle de 1878.
Monographie du grand état-major allemand, traduit par Kussler. 2 vol.
Notices sur la carte d'Afrique.
Notices coloniales publiées à l'occasion de l'exposition d'Anvers (1865). 1 vol.
Notice sur la caisse des offrandes nationales en faveur des armées de terre et de mer. 1 vol.
Notices sur la bataille d'Espinosa de Las Montéros par l'armée française sur les Espagnols. 1 vol.
Notice descriptive et itinéraire de la Tunisie (1884-1885). 1 vol.
Notices sur les gîtes de houille. Terrain des environs de Saorges. 1 vol.
Notices sur les objets exposés par le dépôt des fortifications. 1 vol.
Notice sur les objets exposés (instruments, cartes), en 1889, par le dépôt de la guerre. 1 vol.
Observations sur l'instruction sommaire pour les combats. 1 vol.
Organisation et rôle de la cavalerie française pendant les guerres de 1800 à 1815. 1 vol.
Passage de la Bérésina les 26, 27, 28, 29 novembre 1812. 1 vol.
Places fortes et chemins de fer stratégiques de la région de Paris. 1 vol.
74 plans pour les exercices de régiment d'infanterie autrichienne. 1 vol.
Planches du Journal du camp de Châlons.
Prescriptions relatives aux exercices d'application des troupes de toutes armes. 1 vol.
Programme d'instruction pour les troupes d'infanterie, cavalerie et artillerie. 1 vol.
Province d'Oran. Douars et Smalas. 1 vol.
Rapport. Exposition universelle de 1867. 1 vol.
Rapport de la commission impériale sur la section française. 1 vol.

Rapport du jury international. Exposition universelle de Paris. 13 vol.
Rapports publiés par le ministère de l'agriculture sur les productions fourragères. 1 vol.
Rapports publiés par le Ministre de l'agriculture (1870-1871). 1 vol.
Rapports du jury central sur les produits de l'industrie française jusqu'en 1849. 13 vol.
Rapport sur les travaux exécutés en 1888. 1 vol.
Rapport au Ministre sur la collection des documents inédits de l'histoire de France. 1 vol.
Rapport sur les travaux exécutés en 1889. Service géographique de l'armée. 1 vol.
Rapport de la commission militaire sur l'exposition universelle de 1867. 1 vol.
Recrutement des armées de terre et de mer (loi de 1872). 1 vol.
Règlement général pour les transports militaires par chemin de fer. Guerre et marine. 1 vol.
Règlement sur le service en campagne et les grandes manœuvres de l'armée prussienne. 1 vol.
Règlement d'exercices pour la cavalerie autrichienne. 1 br.
Règlement d'exercices pour la cavalerie autrichienne (1870). 1 vol
Règlement d'exercices pour la cavalerie de l'armée royale de Prusse du 5 mai 1855. 1 vol.
Règlement sur l'organisation des cours suivis par les sous-officiers d'infanterie de marine, candidats au grade de sous-lieutenant. 1 vol.
Relation de l'expédition de Chine en 1866. 1 vol.
Réorganisation du corps militaire des surveillants des établissements pénitentiaires aux colonies. 1 vol.
Réorganisation des armées active et territoriale (loi de 1873-1875). 1 vol.
Répartition et emplacement des troupes de l'armée française. 1 vol.
Revue de géographie, dirigée par Ludovic Draperon. 16 vol.
Revue des sociétés savantes, publiée sous les auspices du Ministre de l'instruction publique. 6 vol.
Revue militaire de l'étranger (depuis l'année 1880).
Revue des Deux-Mondes (depuis 1874).

Revue rose et bleue (depuis 1890).
Revue de l'Intendance (depuis 1890).
Revue de Cavalerie (depuis l'année 1890).
Revue d'Infanterie (depuis l'année 1888).
Revue d'Artillerie (depuis l'année 1887).
Revue britannique (depuis l'année 1890).
Revue maritime et coloniale (depuis 1888).
Nouvelle Revue (collection complète).
Revue des Sciences militaires (depuis 1875).
Tour du Monde (collection complète).
Rives gauche et droite du Rhin. Notices itinéraires et chemins de fer. 1 vol.
Richelieu. 1 vol.
Souffrances et consolations. 1 vol.
Souvenirs d'un officier du 2ᵉ zouaves. 1 vol.
Statistique centrale des chemins de fer et documents financiers. 1 vol.
Statistique des chemins de fer. Documents relatifs à l'année 1866. 1 vol.
Statistique centrale des chemins de fer et stations au 31 décembre 1871. 1 vol.
Tableau analytique et résumé des documents relatifs aux épizooties, aux enzooties. 1 vol.
Travaux de campagne. Résumé des conférences faites à l'Ecole du génie de Versailles pour les capitaines d'infanterie détachés à cette Ecole, par des officiers de l'armée régimentaire de Versailles et du 1ᵉʳ régiment du génie. 1 vol.
Travaux de campagne, résumé des conférences faites à Versailles. 1 vol.
Travaux de la commission française sur l'industrie des nations. 12 vol.
Une marche-manœuvre de cavalerie en Argonne avec une carte en 4 feuilles d'un capitaine de cavalerie. 1 vol.
Visite de son A. I. le prince Napoléon au palais des Beaux-Arts. 1 vol.
Voies de communication de Capsir et de la Cerdagne. 1 vol.
Service géographique de l'armée. Voies de communication de l'Arve, des Bonnes et Drauses. 1 vol.
Voies de communication de la vallée de Tinée. 1 vol.

Voies de communication du Briançonnais.
Voies de communication du Quéras. 1 vol.
Voies de communication de la Maurienne. 1 vol.
Voies de communication des Allières. 1 vol.
Voies de communication de la Tarentaise. 1 vol.
Voies de communication de la vallée de l'Ubaye. 1 vol.
Voies de communication du Canigou et des Aspres. 1 vol.
Précis historique de la tactique de l'infanterie française depuis 1871 jusqu'à nos jours. 1 vol.

www.ingramcontent.com/pod-product-compliance
Lightning Source LLC
LaVergne TN
LVHW050648090426
835512LV00007B/1097